JOGOS DE RITMO

Dados Internacionais de Catalogação na Publicação (CIP)
(Câmara Brasileira do Livro, SP, Brasil)

Ros, Jordina
  Jogos de ritmo : atividades para a Educação Infantil / Jordina Ros ; [ilustrações] Sonia Alins. – Petrópolis, RJ : Vozes, 2018.

  ISBN 978-85-326-5818-0

  1. Atividades criativas 2. Educação – Finalidades e objetivos 3. Educação Infantil 4. Expressão corporal 5. Jogos educativos I. Alins, Sonia. II. Título.

18-17203 CDD-371.337

Índices para catálogo sistemático:
1. Jogos e atividades : Educação Infantil   371.337

Maria Alice Ferreira – Bibliotecária – CRB-8/7964

Jordina Ros
Sonia Alins

JOGOS DE RITMO

Atividades para a
Educação Infantil

EDITORA
VOZES
Petrópolis

© Parramón Paidotribo S.A.
Direitos exclusivos de edição para todo o mundo.
Publicado por Parramón Paidotribo, S.L., – Espanha

Título do original em espanhol: *Juegos de ritmo*
Textos: Jordina Ros
Ilustrações: Sonia Alins
Adaptação do texto ao português brasileiro: Editora Vozes Ltda.

Direitos de publicação em língua portuguesa – Brasil:
2018, Editora Vozes Ltda.
Rua Frei Luís, 100
25689-900 Petrópolis, RJ
www.vozes.com.br
Brasil

Todos os direitos reservados. Nenhuma parte desta obra poderá ser reproduzida ou transmitida por qualquer forma e/ou quaisquer meios (eletrônico ou mecânico, incluindo fotocópia e gravação) ou arquivada em qualquer sistema ou banco de dados sem permissão escrita da editora.

CONSELHO EDITORIAL

Diretor
Gilberto Gonçalves Garcia

Editores
Aline dos Santos Carneiro
Edrian Josué Pasini
Marilac Loraine Oleniki
Welder Lancieri Marchini

Conselheiros
Francisco Morás
Ludovico Garmus
Teobaldo Heidemann
Volney J. Berkenbrock

Secretário executivo
João Batista Kreuch

Editoração: Maria da Conceição B. de Sousa
Diagramação: Victor Mauricio Bello
Ilustrações: Sonia Alins
Revisão gráfica: Nilton Braz da Rocha
Capa: Baseada no projeto gráfico da capa original espanhola da Marina Editores
Arte-finalização: Estúdio 483

ISBN 978-85-326-5818-0 (Brasil)
ISBN 972-84342-2366-0 (Espanha)

Editado conforme o novo acordo ortográfico.

Este livro foi composto e impresso pela Editora Vozes Ltda.

Sumário

Introdução, 7

JOGOS RÍTMICOS COM SINAIS SONOROS E NUMÉRICOS, 9

Alegres borboletas, 10
O chão empapelado, 11
A fazenda, 12
Os soldados, 13
Gotas de água, 14
A bola louca, 15
A orquestra desastrosa, 16
Jardim surpresa, 17
As cadeiras, 17
Os cavaleiros, 18
O lápis de cor, 19
Festa de balões, 20
O pincel dançarino, 21
Viagem ao país dos números, 22
A máscara, 23
Os carrinhos bate-bate, 24
Caminho de pares, 25
A centopeia, 26
O bloco sonoro, 27
Os rasga-papéis, 28
Entroncamento ferroviário, 29
Escadas, 30
A massa, 31
Doces carícias, 31
As ferramentas, 32
Botões coloridos, 33
Palmas alegres, 34
Cara pintada, 35
O barquinho, 36
Pegadas, 37
A lagartinha, 38
A corda bamba, 39
Luvas vaidosas, 40
O lenço voador, 41
A batuta, 42

JOGOS DE RITMO TEMPORAL, 43

Família de caixas, 44
A semana, 45
A comida imaginária, 46
A cambalhota, 47
Círculo de nomes, 48
Tira e põe, 49

Caminho de ritmos, 50
Dominó, 50
As batas, 51
A porta, 52
As múmias, 53
As quatro estações do ano, 54
A tortilha gigante, 55
A mala do viajante, 56
Metamorfose, 57
Os mil e um condutores, 58
Bola ao cesto, 59
Alturas, 60
Arco-íris, 60
Museu de meninas e meninos, 61
A bolinha, 62
Ações, 63
A teia de aranha, 64

A corda, 64
O túnel, 65
Os atletas, 66
Ossos bailarinos, 67
O disfarce, 68
O dado, 69
Linha cansada, 69
O falso pirulito, 70
Torres, 71
Azul e verde, 72
O circuito de fórmula bola, 73
Água vai, água vem!, 74
Roupa estendida, 75
Roda-arcos, 76
A fábula, 77
Dobra-costas, 78
A ducha, 79

Sketch – O teatrinho, 80

Quadro de idades, 82

Introdução

Jogar e aprender, descobrir e conhecer, tomar consciência do próprio corpo são peças básicas para a formação pessoal da criança entre os 3 e os 6 anos. Os pedagogos concordam que a melhor maneira de conseguir esses objetivos é jogar. O jogo satisfaz a necessidade de expressão e de reação espontânea da criança, além de lhe permitir conhecer um sem-número de novos conceitos.

A percepção temporal e a educação rítmica

O ritmo é um fenômeno inato na criança. Poucos meses após o seu nascimento já agita objetos com movimentos mais ou menos regulares. Depois, começa a emitir sons com uma cadência regular. E, a partir do primeiro ano, descobre o ritmo motor no campo dos movimentos, dos saltos etc.

Por esse motivo, a tarefa do adulto deve consistir, essencialmente, em tentar favorecer a aptidão natural da criança para criar ritmos distintos e adaptar-se a eles.

Além disso, é importante implantar uma via de aprendizagem adequada para conseguir que as crianças interiorizem o conceito rítmico. Graças à sua capacidade criativa e imaginativa ela pode assimilar com facilidade os estímulos rítmicos que se trabalham, reproduzindo-os e recriando-os. Dessa forma, proporciona o enriquecimento de sua expressão motriz e de capacidade mental.

Jogar com o ritmo

Jogar com elementos rítmicos permite que a criança desenvolva experiências perceptivas motrizes que alargam o seu conhecimento global da expressão corporal.

Uma educação rítmica bem-orientada favorece a aquisição simples do sentido do tempo, da velocidade, do espaço e da duração dos movimentos.

Se se trabalha com uma ampla noção de tempo, a criança pode aprender a enriquecer o seu envolvimento sonoro, a aumentar a sua expressão gestual, a tomar consciência das suas possibilidades rítmicas e corporais e a ampliar as relações com os seus amigos, aproveitando o jogo para se exprimir e comunicar.

No entanto, para trabalhar com o ritmo é conveniente pensar com antecedência que espaço vai ser necessário para a realização do jogo e que material será preciso para levá-lo a cabo. Nesse sentido, interessa que o espaço escolhido seja amplo e que tenha uma boa capacidade sonora; assim poderá se obter a máxima expressão gestual.

O educador e o ritmo

A figura do educador é fundamental em qualquer tipo de jogo, seja para propor, organizar e conduzir. Além disso, deve saber adaptar o jogo às necessidades do grupo e conseguir que os seus membros expressem em voz alta as vivências experimentadas, para que todos aprendam as sensações dos outros.

Em relação ao ritmo, é interessante que o educador analise com as crianças a evolução do jogo para poder relacioná-lo com outras formas de expressão.

O educador não deve esquecer, em momento algum, que a criança é um participante voluntário do jogo e que deve propiciar o desenvolvimento de iniciativa, imaginação e criatividade. Só assim as conclusões obtidas serão realmente proveitosas.

O ritmo na escola

Os jogos onde o ritmo intervém contribuem para conseguir os objetivos previstos na área da identidade e da autonomia pessoal na Educação Infantil, pois permitem o conhecimento do corpo e ajudam em seu desenvolvimento harmonioso, ao mesmo tempo em que possibilitam a criança desenvolver autonomia, não só no que se refere ao movimento, mas também em sua relação com os outros e com o meio que a envolve.

As expressões rítmicas do corpo – com ou sem ajuda na manipulação dos objetos (bolas, instrumentos musicais etc.) – devem ser experimentadas pela criança, que, mediante movimentos corporais marcados e ritmos pautados, poderá conseguir uma ótima aprendizagem psicomotora.

Concluindo, a integração do ritmo e do movimento corporal na Educação Infantil constitui uma fonte educativa de grande valor para a formação da criança.

Jogos rítmicos com sinais sonoros e numéricos

Estes jogos foram concebidos para desenvolver a percepção do tempo imediato e para aprender a estabelecer uma organização espontânea e intuitiva de ações sucessivas.

Paralelamente introduzem a criança no campo da memória auditiva e no sentido do ritmo, tanto no nível auditivo como no corporal. Por um lado, os jogos rítmicos com sinais sonoros permitem trabalhar diferentes tipos de frases rítmicas, expressas mediante sons artificiais ou vocais.

É interessante combinar os ritmos produzidos a partir de sinais sonoros (batidas em um instrumento de percussão, p. ex.) com deslocamentos pelo espaço.

Por outro lado, os jogos rítmicos com sinais numéricos destinam-se a trabalhar sucessões numéricas ordenadas ou séries de elementos, objetos cotidianos ou movimentos.

1 Alegres borboletas

Número de participantes: *Ilimitado.*

Material necessário: *Um pandeiro.*

Espaço: *Amplo e/ou aberto.*

Objetivos didáticos: *Trabalhar a atenção, a reação e a pausa. Exercitar o autocontrole.*

- Todas as crianças devem se colocar à volta do educador, que irá dando batidas no pandeiro.
- Quando o educador der uma batida no pandeiro, elas têm de avançar um passo.
- Se der duas batidas, dois passos em frente.
- Mas se forem três batidas têm de voltar ao ponto de partida, tentando manter o círculo.

Vamos manter o círculo!

O chão empapelado   2

Número de participantes: *Ilimitado.*

Material necessário: *Folhas de papel coloridas e um pandeiro.*

Espaço: *Amplo.*

Objetivos didáticos: *Controlar o ritmo corporal dentro de um determinado espaço do jogo.*

- O educador constrói um pequeno circuito no espaço de jogo, espalhando as folhas coloridas pelo chão.

- Seguindo o ritmo marcado pelo educador com o pandeiro, caminha-se pisando nas folhas coloridas até acabar o pequeno circuito.

- A cada uma das batidas do pandeiro apanham-se as folhas.

- O jogo chega ao fim quando o espaço de jogo fica sem nenhuma folha no chão.

Vamos apanhá-las todas!

3 A fazenda

Número de participantes: *Ilimitado.*

Material necessário: *Um pandeiro.*

Espaço: *Amplo.*

Objetivos didáticos: *Descobrir o ritmo interno através do movimento do corpo. Trabalhar a imitação.*

○ Todas as crianças caminham pelo espaço do jogo ao ritmo do pandeiro tocado pelo educador.

Meninas e meninos,
vamos ouvir bem o pandeiro!

○ Quando o educador parar de tocar o pandeiro todas as crianças também param.

○ Então, elas têm de imitar um animal da fazenda; por exemplo, uma galinha. De cócoras e imitando com os braços as asas da galinha, reproduzem o cacarejar de quando põe um ovo.

○ O educador volta a tocar. Quando para de novo, todas se tornam ovelhinhas, e, engatinhando, imitam o seu balido.

○ O animal seguinte pode ser a rã. Todas se põem de cócoras, e, dando saltinhos, imitam o coaxar da rã.

Os soldados 4

Número de participantes: *Ilimitado.*

Material necessário: *Um pandeiro e chapéus de papel.*

Espaço: *Amplo.*

Objetivos didáticos: *Trabalhar o ritmo através dos movimentos do corpo e da manipulação dos objetos.*

○ As crianças caminham formando filas e seguindo o ritmo marcado pelo pandeiro: "um-dois, um-dois, um-dois…"

○ Ao caminhar, têm de levantar muito os joelhos e ir mexendo os braços (como marcham os soldados) com força, para frente, para trás…

○ Quando o pandeiro deixar de tocar, devem ficar imóveis. Agora têm de trocar os chapéus com quem estiver mais perto.

○ No caso de duas batidas dão-se dois passos em frente; mas se forem três batidas têm de voltar ao ponto de partida, tentando manter a fila.

Para ele o chapéu dele!

Para ti o teu chapéu!

5 Gotas de água

Número de participantes: *Ilimitado.*

Espaço: *Amplo.*

Objetivos didáticos: *Trabalhar a expressão do ritmo através dos movimentos do corpo e da imaginação.*

- Sentados em círculo, todos os participantes do jogo têm de imaginar que o céu fica nublado e que começa a chover.
- O educador diz "Uma gota!" e as crianças batem palmas uma vez.
- Duas gotas!, duas vezes; três gotas!, três vezes... dez gotas!, dez vezes. Começou a tempestade.
- Param as palmas.
- Todos se levantam rapidamente e correm para o outro extremo do espaço de jogo, sentando-se novamente.

De pé, correndo!

- Ao abrandar a tempestade as crianças seguem o ritmo da chuva com as mãos. Dez gotas, batem as palmas dez vezes; nove gotas, nove vezes; oito gotas, oito vezes..., até chegar a uma gota de água, uma vez.

A bola louca 6

Número de participantes: *Ilimitado.*

Material necessário: *Uma bola.*

Espaço: *Amplo.*

Objetivos didáticos: *Expressar ritmos diferentes através da manipulação de objetos e da expressão verbal.*

○ As crianças se sentam no chão formando um grande círculo.

○ Uma delas tem a bola e passa-a a um companheiro. Pode começar pela direita ou pela esquerda.

○ Antes de atirar a bola deve dizer o seu nome e o do companheiro.

Não vamos deixar a bola cair ao chão!

15

7 A orquestra desastrosa

Número de participantes: *Seis crianças.*

Material necessário: *Um apito, três panelas, três latas e seis colheres de pau.*

Espaço: *Amplo.*

Objetivos didáticos: *Assimilar o ritmo trabalhando a simultaneidade e seguindo o ritmo de um estímulo externo.*

- Formam-se dois grupos de três crianças. Um deles se coloca num extremo do espaço de jogo e o outro no outro extremo. Cada grupo forma uma fila, uma criança ao lado da outra.

- O educador entrega três latas com três colheres a um grupo, e as três panelas com as outras três colheres ao outro grupo.

- Ao toque do apito do educador, as crianças dos dois grupos dão uma batida ao mesmo tempo em que avançam um passo.

  Uma batida na panela… um passo!
  Uma batida na lata… um passo!

- Quando os dois grupos se encontram no centro do espaço de jogo, trocam os instrumentos e, seguindo o seu próprio ritmo, voltam ao ponto de partida.

16

Jardim surpresa 8

Número de participantes: *Formam-se grupos de seis crianças.*

Material necessário: *Um pandeiro e giz.*

Espaço: *É preciso delimitar o espaço do jogo.*

Objetivos didáticos: *Controlar o ritmo corporal dentro de um determinado espaço de jogo.*

- O educador delimita com giz o espaço de jogo.
- Ao ritmo do pandeiro as crianças passeiam num jardim imaginário.
- Quando o educador para de tocar, todos se tornam estátuas e ficam com posturas diferentes.

Que as estátuas não se mexam!

As cadeiras 9

Número de participantes: *Formam-se grupos de oito crianças.*

Material necessário: *Sete cadeiras e um pandeiro.*

Espaço: *Amplo.*

Objetivos didáticos: *Velocidade e controle do corpo. Sentido de reação e de paragem.*

- Num espaço de jogo amplo, com sete cadeiras em círculo, as oito crianças caminham em volta, ao ritmo do pandeiro.
- Ao parar de tocar, elas têm de correr, a fim de cada uma ocupar uma cadeira, para não ficar sem assento.
- A criança sem cadeira fica eliminada, mas não deixa de jogar. Tira-se uma cadeira e recomeça-se.
- A criança eliminada toca o pandeiro e passa-o ao eliminado seguinte; assim fica livre!

Agora você toca o pandeiro!

10. Os cavaleiros

Número de participantes: *Formam-se pares.*

Material necessário: *Giz e um instrumento de percussão.*

Espaço: *É preciso delimitar o espaço de jogo.*

Objetivos didáticos: *Trabalhar a velocidade em um determinado espaço e o controle postural.*

- O educador traça um retângulo de 4m de comprimento por 3m de largura para delimitar o espaço de jogo.

- Os pares colocam-se da seguinte maneira: uma criança no chão, de gatinho, simulando que é o cavalo, e a outra sentada em cima, simulando que é o cavaleiro.

- Os pares colocam-se num extremo do retângulo, uns ao lado dos outros.

- A cada toque do educador e seguindo o ritmo, os pares têm de se deslocar pelo interior do retângulo até chegar ao outro extremo.

Vamos ver quem chega primeiro!

O lápis de cor   11

Número de participantes: *Ilimitado.*

Material necessário: *Triângulo (instrumento musical) e lápis de cor.*

Espaço: *Amplo.*

Objetivos didáticos: *Trabalhar a ação e o intervalo.*

- Forma-se um grande círculo ocupando a maior parte do espaço de jogo.
- O educador espalha pelo chão no interior do círculo todos os lápis de cor que quiser.
- Ao toque do triângulo, feito pelo educador, as crianças têm de se levantar do chão e andar entre os lápis de cor.
- Dados dois toques do triângulo elas têm de se agachar, sem dobrar os joelhos, e tentar recolher dois lápis.
- A três toques, três lápis; e assim sucessivamente.

Vamos apanhá-los todos!

12   Festa de balões

Número de participantes: *Ilimitado.*

Material necessário: *Balões para encher, música alegre e música lenta.*

Espaço: *Amplo.*

Objetivos didáticos: *Trabalhar o ritmo respiratório.*

- As crianças se sentam no chão, formando um semicírculo, e o educador entrega um balão vazio a cada uma delas.
- Ao ritmo da música alegre, cada criança tem de tentar encher o balão…

  Vamos encher o balão!

- E em seguida esvaziá-lo, ao ritmo da música lenta.
- Para acabar o jogo, cada criança tem de voltar a encher o balão sem música, dar-lhe um nó para que o ar não saia (o educador pode ajudar) e lançá-lo ao ar.

O pincel dançarino

Número de participantes: *Ilimitado.*

Material necessário: *Folhas de papel grandes, pincéis, tintas de várias cores e música gravada.*

Espaço: *Amplo.*

Objetivos didáticos: *Trabalho auditivo utilizando corretamente o material proposto.*

- Todas as crianças estão sentadas diante de sua mesa de trabalho.
- O educador coloca na mesa de cada criança uma folha de papel branco, um pincel e tintas de várias cores.
- As crianças têm de escutar a música e pintar na folha de papel seguindo o ritmo.

Pintem, pintem... ao ritmo da música!

14. Viagem ao país dos números

Número de participantes: *Formam-se grupos de seis crianças.*

Material necessário: *Seis bolas médias.*

Espaço: *Amplo e/ou aberto.*

Objetivos didáticos: *Aumentar a capacidade de ação e trabalhar a manipulação dos objetos.*

○ Um dos grupos formados se coloca em fila, com uma criança ao lado da outra, num dos extremos do espaço. Os grupos restantes esperam sentados.

○ O educador atribui a cada criança do grupo um número de 1 a 6.

○ Cada criança segura uma bola.

Ouçamos com atenção!

○ O educador diz: o 1 mande a bola pelo ar, muito longe!; o 2 e o 4 façam-na rolar pelo chão!; o 3, o 5 e o 6 deem-lhe um pontapé!

○ Precisam ir correndo buscar as bolas e entregá-las ao outro grupo.

A máscara   15

Número de participantes: *Ilimitado.*

Material necessário: *Três arcos, um tambor e uma máscara.*

Espaço: *Amplo.*

Objetivos didáticos: *Trabalhar a ação com indicações rítmicas e a manipulação de objetos.*

- Colocam-se os três arcos no chão do espaço de jogo, separados uns cinco passos uns dos outros.
- Dentro do primeiro arco coloca-se uma máscara.
- No segundo arco põe-se um pequeno tambor.
- E o terceiro deixa-se vazio.
- Forma-se uma fila de crianças, umas atrás das outras.
- Ao compasso do tambor, tocado pelo educador, a primeira criança da fila dirige-se ao arco da máscara.
- Entra no arco e põe a máscara.
- Sai do arco e, seguindo o ritmo, dirige-se ao segundo.
- Entra no segundo arco e dá duas batidas no pequeno tambor.

- Para acabar, dirige-se ao último arco (seguindo sempre o ritmo do tambor), entra e deixa a máscara no seu interior.
- A criança volta ao ponto de partida e prepara-se o jogador seguinte.

Pedro, é a sua vez!

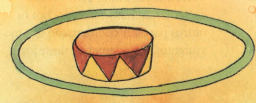

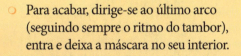

16. Os carrinhos bate-bate

Número de participantes: *Formam-se pares.*

Material necessário: *Música divertida.*

Espaço: *Amplo.*

Objetivos didáticos: *Exercitar a coordenação e favorecer o trabalho de grupo.*

- Formam-se pares, que se posicionarão seguindo as instruções do educador.

  João, por detrás da Camila e agarre-a pela cintura!

- Quando soa a música, todos os pares espalhados pelo espaço de jogo irão caminhando, sincronizando os passos com a música.

- Seguindo as instruções, muda-se de par.

  Camila, agora se coloque atrás do João e agarre-o pela cintura!

- Volta a se caminhar com a música, tentando não se chocar com os outros pares. A coordenação dos movimentos é fundamental neste jogo.

Caminho de pares

Número de participantes: *Formam-se pares.*

Material necessário: *Giz e um pandeiro.*

Espaço: *Amplo e/ou aberto.*

Objetivos didáticos: *Trabalhar o controle postural e a coordenação de movimentos em determinado tempo.*

- O educador traça no chão do espaço de jogo um caminho serpenteante.
- Os pares já formados se posicionam da seguinte maneira: uma criança põe as palmas das mãos no chão e a outra a agarra pelos joelhos.
- Ao ritmo do pandeiro, tocado pelo educador, os pares se deslocam.

Sem sair do caminho!

- Ao voltar ao ponto de partida, também pelo caminho, têm de fazê-lo mudando a posição dos pares.

18. A centopeia

Número de participantes: *Ilimitado.*

Material necessário: *Um pandeiro.*

Espaço: *Amplo.*

Objetivos didáticos: *Trabalhar a coordenação assimilando um ritmo concreto. Favorecer o grupo.*

- As crianças caminham pelo espaço de jogo e, dada uma ordem do educador, formam grupos de cinco.

- Cada grupo se coloca em fila, uma criança atrás da outra, mantendo um passo de distância entre elas.

- O educador toca o pandeiro com um ritmo muito lento.

- Os grupos começam a caminhar, levantando todos a perna direita e depois a esquerda.

Agora, a direita!
Agora, a esquerda!

O bloco sonoro

19

Número de participantes: *Ilimitado.*

Material necessário: *Um bloco sonoro (instrumento de percussão).*

Espaço: *Amplo.*

Objetivos didáticos: *Exercitar ações sucessivas: reação, paragem, atividade.*

- Com o bloco sonoro o educador cria ritmos diferentes. Uma batida é um passo; um silêncio é para ficar quieto.

- Todas as crianças tentam caminhar seguindo os ritmos inventados pelo educador.

- Quando o educador dá muitas batidas seguidas, elas têm de correr por todo o espaço de jogo com os braços levantados e as palmas das mãos abertas.

- O educador deixa de tocar e faz-se um grande silêncio. As crianças se deixam cair no chão e descansam.

Descansar!

Os rasga-papéis

Número de participantes: *Ilimitado.*

Material necessário: *Folhas de jornal, um pandeiro (ou qualquer instrumento de percussão) e um cesto de papel.*

Espaço: *Amplo.*

Objetivos didáticos: *Expressar o ritmo através da manipulação de objetos.*

- Todas as crianças sentadas em semicírculo; o educador dá uma folha de jornal para cada uma. Em silêncio, devem estar atentas ao educador.

Ouçamos o pandeiro!

- Uma batida!, têm de rasgar um pedaço da folha de jornal.
- Três batidas!, rasgam-se três pedaços da folha de jornal.
- E assim, sucessivamente, até que a folha fique em pedacinhos.
- Dada uma ordem do educador, elas têm de recolher todos os pedacinhos de papel e, correndo, dirigirem-se ao cesto dos papéis, que está no centro do espaço de jogo.

Entroncamento ferroviário

21

Número de participantes: *Formam-se grupos de dez crianças.*

Material necessário: *Um boné, um apito e um pandeiro.*

Espaço: *Amplo.*

Objetivos didáticos: *Trabalhar a coordenação assimilando o ritmo.*

- Um grupo de dez crianças se coloca em fila, umas atrás das outras.
- Uma criança é o maquinista e as restantes são os vagões do comboio (numerados de 1 a 9).
- O maquinista põe o boné e apita. Então as crianças agarram-se pela cintura e, ao ritmo que o educador marca com o pandeiro, vão caminhando pelo espaço de jogo.
- Ao chegar a um cruzamento de linhas o educador para de tocar o pandeiro e anuncia o vagão que se deve soltar. Essa criança senta-se no chão.

Fica o vagão da Ana!

- A viagem continua, mas o comboio vai demasiado rápido, e todas as crianças caem ao chão. Pode-se recomeçar mudando o maquinista.

22 Escadas

Número de participantes: *Ilimitado.*

Material necessário: *Instrumento de percussão.*

Espaço: *Amplo.*

Objetivos didáticos: *Controlar o início e a paragem do movimento com um ritmo determinado.*

- De pé, todos em semicírculo, os participantes do jogo têm de simular que sobem escadas imaginárias.

- Sem saírem do lugar, levantando os pés, têm de imaginar que sobem, ao ritmo do instrumento de percussão, dez degraus de uma escada.

- A escada que se subiu é a tradicional, mas existem outras possibilidades.

- Agora têm de simular que sobem uma escada de bombeiros. As duas mãos agarram imaginariamente a escada simulando que se sobem os degraus a um ritmo frenético.

- O educador toca um ritmo lento. Simula-se que se sobe uma escada de caracol. É preciso levantar os joelhos – porque os degraus são altos – e ir dando voltas ao mesmo tempo.

Os joelhos para cima!

A massa   23

Número de participantes: *Ilimitado.*

Material necessário: *Um pandeiro e uma música com mudanças rítmicas muito acentuadas.*

Espaço: *Amplo.*

Objetivos didáticos: *Trabalhar a sincronização e potenciar a dinâmica de grupo.*

- Todas as crianças caminham livremente pelo espaço.
- Ao ouvir a batida no pandeiro, tocado pelo educador, dirigem-se correndo para o centro do espaço de jogo e agarram-se umas às outras, formando um grupo compacto.
- O educador põe a música e o grupo tenta sincronizar os passos.

Todos ao mesmo tempo!

- Se algum participante se separa ou cai ao chão, senta-se num extremo.

Doces carícias   24

Número de participantes: *Formam-se pares.*

Material necessário: *Colchões e triângulo (instrumento musical).*

Espaço: *Amplo, com iluminação tênue.*

Objetivos didáticos: *Descobrir sensorialmente a linguagem rítmica. Trabalhar o relaxamento.*

- Formam-se pares, com uma criança de cada par estendida com a barriga para baixo, os braços ao longo do corpo e as pernas fechadas.
- O educador toca o triângulo e, a cada batida, a criança de joelhos acaricia suavemente com as palmas das mãos o corpo da criança estendida.

Relaxar!

25 As ferramentas

Número de participantes: *Ilimitado.*

Material necessário: *Um martelo com um preguinho, uma chave de fenda com um parafuso, um pequeno serrote com um pedaço de madeira e um pandeiro.*

Espaço: *Amplo.*

Objetivos didáticos: *Trabalhar a coordenação de movimentos segundo um ritmo concreto. Desenvolver a imaginação.*

- Todas as crianças se sentam em semicírculo e observam o educador, que ensina o funcionamento das três ferramentas: o martelo, a chave de fenda e o serrote.

- O automóvel está avariado e tem de ser consertado. Imita-se o funcionamento da chave de fenda fazendo um movimento giratório do pulso, com a mão fechada e seguindo o ritmo do pandeiro tocado pelo educador.

Girar a chave de fenda!

- Agora simula que está segurando um martelo imaginário e se martela um pequeno prego. Ao ritmo do pandeiro, move-se o braço de cima para baixo.

Martelemos o prego!

- Todas as crianças mudam de posição, levantam-se do chão para simular que se corta um tronco de árvore. O braço move-se para trás e para frente, seguindo sempre o ritmo do pandeiro.

Cortar o tronco!

Botões coloridos

Número de participantes: *Formam-se grupos de quatro crianças.*

Material necessário: *Seis botões vermelhos, seis verdes, seis azuis, seis amarelos e um pandeiro (ou qualquer instrumento de percussão).*

Espaço: *Amplo.*

Objetivos didáticos: *Expressar ritmos diferentes por meio de objetos e do sistema numérico.*

- As quatro crianças que formam um grupo repartem os botões. A cada uma, seis da mesma cor.

  João, você, os botões vermelhos!
  Camila, os botões verdes!
  Laura, não perca os botões azuis!
  Pedro, para você, os amarelos!

- Caminham pelo espaço de jogo e, quando o educador der uma batida no pandeiro, devem deixar um botão no chão, até ficarem sem nenhum.

- Se o educador tocar o pandeiro com um ritmo rápido, cada criança recolherá os seus botões, tentando não pisar neles.

- Correndo, entregam-nos ao grupo seguinte.

27 — Palmas alegres

Número de participantes: *Formam-se pares.*

Espaço: *Amplo.*

Objetivos didáticos: *Exercitar a coordenação de ações através do ritmo.*

- Formados os pares, com uma criança defronte à outra, espalham-se no espaço de jogo. O educador também forma par com uma criança.

- As palmas das suas mãos batem nas palmas da criança. Os outros pares imitam as ações do educador.

- A palma direita do educador bate na palma direita da criança, e a esquerda bate na esquerda. As crianças devem bater cada vez mais depressa.

Mais rápido!

- Continua-se o jogo, mudando de par.

Cara pintada

Número de participantes: *Ilimitado.*

Material necessário: *Barrinhas de maquiagem de diversas cores e um pandeiro.*

Espaço: *Espaço com um grande espelho.*

Objetivos didáticos: *Trabalhar a observação e assimilá-la ritmicamente.*

- Todas as crianças se colocam em fila, umas ao lado das outras, diante do espelho, observando seu rosto.

    Vamos sorrir para o espelho!

- À batida do pandeiro elas se tocam em cada parte do rosto. Uma batida, têm de tocar no nariz; outra batida, devem tocar no olho...

- O educador dá a cada criança uma barrinha de maquiagem.

- Quando o educador der uma batida no pandeiro, todas devem pintar uma linha horizontal na testa; duas batidas, um ponto no nariz; e três batidas, uma cruz em cada bochecha.

29   O barquinho

Número de participantes: *Formam-se pares.*

Material necessário: *Música relaxante.*

Espaço: *Amplo.*

Objetivos didáticos: *Trabalhar a expressão do ritmo através dos movimentos do corpo.*

- No espaço de jogo cada par se senta no chão.

- Coloca-se cada criança uma em frente à outra. As duas, com as pernas esticadas e abertas, juntam as plantas dos pés e agarram-se as mãos.

    Não soltem as mãos!

- Quando soar a música seguem o ritmo, balançando o corpo para frente e para trás.

- Ao grito de "uma onda gigante!" os pares desfazem-se e caminham de pé pelo espaço, balançando os braços para os lados, sempre seguindo o ritmo da música.

Pegadas 30

Número de participantes: *Ilimitado.*

Material necessário: *Quatro lençóis brancos grandes, linha e agulha para costurar, tinta guache de várias cores, quatro bacias grandes e um pandeiro.*

Espaço: *Amplo.*

Objetivos didáticos: *Trabalhar o ritmo a partir dos movimentos corporais. Desenvolver a criatividade.*

- Costuram-se os quatro lençóis para que se torne um grande quadrado.
- Distribui-se a tinta nas quatro bacias, que são colocadas nos ângulos do quadrado.
- As crianças ficam descalças e vão se espalhando formando uma fila, umas atrás das outras, nos ângulos do quadrado, diante das bacias de tinta.
- À batida do pandeiro tocado pelo educador as crianças de cada fila, uma atrás da outra, molham os pés na tinta e, seguindo o ritmo do pandeiro, caminham pelo tecido, deixando assim as suas pegadas originais.

As suas pegadas bem marcadas!

37

31. A lagartinha

Número de participantes: *Ilimitado.*

Material necessário: *Um pandeirinho.*

Espaço: *Amplo.*

Objetivos didáticos: *Trabalhar o ritmo através do movimento do corpo. Coordenação da totalidade do corpo.*

- As crianças se espalham pelo espaço de jogo, deixando entre elas uma distância de meio metro à frente e atrás.

- A posição inicial é "de gatinhos" e sem se mexer.

- Seguindo o ritmo do pandeirinho, tocado pelo educador, as crianças vão alongando o corpo até tocar o chão.

> Alonguemos os braços!
> O peito no chão!
> Estiquemos as pernas!

- Contam com o educador até 6 e vão se arrastando ao mesmo tempo.

- Quando o educador voltar a tocar o pandeirinho, seguindo o ritmo, as crianças se colocam outra vez "de gatinhos".

A corda bamba

Número de participantes: *Ilimitado.*

Material necessário: *Uma corda de 5m e um pandeiro (ou qualquer outro instrumento de percussão).*

Espaço: *Amplo e/ou aberto.*

Objetivos didáticos: *Controlar o ritmo em um espaço concreto, seguindo o ritmo de um estímulo externo.*

- A corda de 5m é colocada no centro do espaço de jogo.
- Forma-se uma grande fila, uma criança atrás da outra.
- Seguindo o ritmo do pandeiro, tocado pelo educador, as crianças começam, uma atrás da outra, a saltar a corda.
- Salta-se com os pés juntos, tentando não perder o ritmo nem pisar na corda.

Não pisem na corda!

- A criança que pisar na corda volta e repete a atividade.

33 Luvas vaidosas

Número de participantes: *Ilimitado.*

Material necessário: *Luvas coloridas, um bloco sonoro (instrumento de percussão) e uma flauta.*

Espaço: *Amplo.*

Objetivos didáticos: *Trabalhar a observação corporal e assimilá-la ritmicamente.*

- Sentadas em semicírculo, as crianças devem olhar para o educador, calçar as luvas e fechar as mãos.

- O educador toca o bloco sonoro e, a cada batida, as crianças vão abrindo as mãos dedo por dedo.

- Soa a flauta e, bailando ao seu ritmo, levantam-se todas, movendo-se pelo espaço de jogo com os braços e as palmas das mãos abertas, juntando e separando os dedos.

- Quando acabar a música devem se sentar no chão, e, ao ritmo do bloco sonoro, tirar as luvas dedo por dedo.

Luvas para fora!

- Também se pode jogar só com uma mão enluvada.

O lenço voador

Número de participantes: *Formam-se grupos de seis crianças.*

Material necessário: *Seis lenços de diversas cores e música alegre.*

Espaço: *Amplo.*

Objetivos didáticos: *Exercitar o movimento corporal e a manipulação de objetos.*

- Distribuem-se os seis lenços às seis crianças.
- Ao ritmo da música devem se mover pelo espaço dançando com os lenços.

Comecem a dançar… lenços!

- A música já não soa e todas as crianças que dançavam se sentam no chão, colocando o lenço na cabeça, para se esconderem.
- Soa outra vez a música e, levantando-se, voltam a dançar e trocam os lenços.

35 — A batuta

Número de participantes: *Ilimitado.*

Material necessário: *Maracás, tampas de panela, cornetas de plástico e uma batuta.*

Espaço: *Amplo.*

Objetivos didáticos: *Trabalhar o ritmo a partir do gesto, da pausa e da reação.*

- O educador distribui os instrumentos.
- As crianças que têm os maracás formam um grupo, as das tampas, outro grupo, e as que têm as cornetas, outro. E todas juntas formam uma grande orquestra.
- O educador será o diretor do concerto original.
- Quando o educador faz sinal a um grupo com a batuta, seguindo o movimento, o grupo toca os seus instrumentos.
- Se o educador esconde a batuta atrás das costas, o som dos instrumentos para.
- Finalmente, qualquer uma das crianças pode trocar com o educador e dirigir esse divertido concerto.

Atentos à batuta!

Jogos de ritmo temporal

Estes jogos organizam a ação no espaço em função do tempo. Com eles trabalha-se essencialmente a passagem de uma ação a outra, a duração de uma ação, a distância utilizada e a velocidade requerida.

É muito interessante que as crianças percebam que na vida real se realiza uma série de ações sucessivas que marcam o ritmo do dia a dia. Essas atividades podem, portanto, relacionar-se aos movimentos rítmicos e levar as crianças a adquirirem conceitos e modelos do tempo cronológico (ontem, hoje, amanhã, neste instante). As ações sucessivas também ajudam a encontrar um equilíbrio entre o corpo e o tempo, que as crianças devem assumir como algo próprio.

36 Família de caixas

Número de participantes: *Formam-se grupos de seis crianças.*

Material necessário: *Seis caixas de tamanho progressivo, da maior para a menor.*

Espaço: *Amplo.*

Objetivos didáticos: *Trabalhar ações sucessivas com a manipulação de objetos.*

- Prepara-se o primeiro grupo, e cada membro começa a colocar ordenadamente, por tamanho, uma caixa dentro de outra.

    Sem pressa, vamos ordenar estas caixas!

- Para o segundo grupo é mais fácil: devem tirar uma caixa por vez. Primeiro as pequenas e depois as grandes ou vice-versa (se as caixas estiverem voltadas para baixo).

    Da grande à pequena e da pequena à grande!

A semana

Número de participantes: *Formam-se grupos de seis crianças.*

Espaço: *Amplo.*

Objetivos didáticos: *Trabalhar conceitos temporais sucessivos.*

- Dá-se a cada criança o nome de um dia da semana.
- Para o domingo reserva-se uma ação coletiva.
- O educador começa a dar as instruções pertinentes.

Segunda-feira, de pé!
Terça-feira, salte!
Quarta-feira, agachado!
Quinta-feira, levante os braços!
Sexta-feira, grite!
Sábado, cante uma canção!
E domingo… cantemos todos a canção do sábado!

38 — A comida imaginária

Número de participantes: *Ilimitado.*

Espaço: *Amplo.*

Objetivos didáticos: *Trabalhar ações sucessivas. Desenvolver a capacidade de imaginação.*

○ Sentadas no chão, as crianças participam de um jantar imaginário.

Vamos jantar!

○ Primeiro prato: sopa. Pegam a colher imaginária e simulam tomar sopa.

○ Segundo prato: frango com batata frita. Preparam o garfo e a faca, e cortam o pedaço de frango em três partes. Começam a comer, lentamente. Em seguida, com os dedos, comem quatro batatas fritas imaginárias e limpam as mãos com o guardanapo imaginário.

○ E, finalmente, a sobremesa: uma deliciosa maçã vermelha. Agarram a maçã imaginária e dão-lhe três grandes dentadas.

A cambalhota

Número de participantes: *Ilimitado.*

Material necessário: *Um colchão e música alegre.*

Espaço: *Amplo.*

Objetivos didáticos: *Trabalhar ações sucessivas combinando atividades físicas.*

- Todas as crianças se colocam em uma grande fila, umas atrás das outras.
- Todas dão três passos para frente.
- Três saltos avançando.
- Chegam ao colchão e dão uma grande cambalhota.
- Para terminar, devem se levantar lentamente, voltar ao ponto de partida e dançar.

Caminhar, saltar, cambalhota e dançar!

40 Círculo de nomes

Número de participantes: *Ilimitado.*

Espaço: *Amplo.*

Objetivos didáticos: *Adquirir o ritmo em um nível de representação mental. Trabalhar a expressão oral.*

- As crianças formam um grande círculo e lentamente se sentam no chão.

- Uma delas diz em voz alta o seu nome, mas também repete o nome da que está à sua esquerda.

- Assim, segue progressivamente, até chegar à criança que começou.

Vamos recomeçar!

Tira e põe 41

Número de participantes: *Ilimitado.*

Material necessário: *Casacos e sapatos.*

Espaço: *Amplo.*

Objetivos didáticos: *Trabalhar ações sucessivas com a manipulação de objetos. Assimilar o intervalo.*

- Cada criança usa sapatos e casaco. Dada uma ordem do educador, tem de fazer as tarefas.

- Bate as palmas das mãos uma vez e tira o casaco. Bate-as duas vezes ao terminar a tarefa.

- Bate de novo uma vez as palmas das mãos e tira um sapato. E duas vezes ao terminar a tarefa.

- Novamente uma batida e tira o outro sapato. Duas batidas ao terminar a tarefa.

Não esqueçam as duas batidas!

42 Caminho de ritmos

Número de participantes: *Ilimitado.*

Material necessário: *Música com ritmo rápido e lento e um giz.*

Espaço: *Amplo.*

Objetivos didáticos: *Assimilação do tempo, de sua duração e velocidade.*

○ O educador traça um percurso no espaço de jogo.

○ As crianças devem percorrer a distância assinalada seguindo o ritmo da música.

Ouçamos a música, pode variar o ritmo!

43 Dominó

Número de participantes: *Ilimitado.*

Espaço: *Amplo.*

Objetivos didáticos: *Trabalhar a velocidade e a simultaneidade com movimentos corporais. Trabalho auditivo.*

○ Todas as crianças se sentam no chão formando uma grande fila, umas atrás das outras.

○ O educador se coloca no centro do espaço de jogo e, dada uma indicação sua, a primeira criança da fila se levanta lentamente do chão.

○ Já de pé, essa primeira criança levanta um braço e em seguida o outro. Todas as outras fazem o mesmo, sempre uma após a outra.

○ Agora todas elas estão de pé com os braços levantados. Depois de uma ordem do educador todas se sentam rapidamente.

Todos em fila!   *Todos sentados!*

50

As batas

Número de participantes: *Formam-se grupos de quatro crianças.*

Material necessário: *Quatro cadeiras e quatro batas.*

Espaço: *Amplo.*

Objetivos didáticos: *Trabalhar a velocidade e a duração e exercitar a coordenação e o trabalho em grupo.*

- Colocam-se as quatro cadeiras no centro do espaço de jogo e em cada uma delas coloca-se uma bata.

- Dada uma ordem do educador, quatro crianças, que estarão sentadas num extremo do espaço de jogo, levantam-se e, correndo, dirigem-se às cadeiras; sentam-se e vestem as batas.

    Abotoem!

- Prepara-se outro grupo de quatro crianças. Dada uma ordem do educador, correm para as cadeiras onde estão sentadas as do outro grupo e ajudam-nas a tirar a bata. Em seguida, vestem-na e se sentam. O antigo grupo corre para o extremo contrário do lugar onde estava ao começar o jogo.

51

45   A porta

Número de participantes: *Formam-se pares.*

Espaço: *Amplo e/ou aberto.*

Objetivos didáticos: *Desenvolver o conceito temporal "antes" e "depois". Trabalhar a imaginação.*

○ Uma das crianças do par se coloca de pé com um braço aberto e o outro colado ao corpo, com a mão no peito.

○ A outra criança coloca-se defronte ao braço fechado do seu par, atenta para receber uma ordem do educador.

○ Quando o educador diz que tem de abrir a porta, a criança, com a palma da mão, pouco a pouco tenta colocar para o lado o braço do par.

Porta aberta!

○ Depois passa por baixo dos braços e se coloca atrás do seu par, à espera de receber outra indicação do educador.

○ Ao ouvir o aviso, a criança faz a mesma ação, mas agora ao contrário; com a palma da mão deve levar o braço aberto do seu companheiro à posição inicial.

Porta fechada!

As múmias 46

Número de participantes: *Formam-se pares.*

Material necessário: *Rolos de papel higiênico e um pandeiro.*

Espaço: *Amplo.*

Objetivos didáticos: *Desenvolver os conceitos temporais "antes" e "depois". Trabalhar a postura corporal.*

- Os pares formados se espalham pelo espaço de jogo, colocando-se uma criança em frente à outra.

- O educador dá um rolo de papel higiênico a um dos elementos do par.

- Dada uma batida do pandeiro, tocado pelo educador, a criança que tem o papel higiênico começa a enrolar a outra criança do par, dos pés à cabeça.

Tem de se envolver todo!

- O educador dá várias batidas no pandeiro e a criança convertida em múmia liberta-se do papel higiênico com todas as forças, tentando levantar os braços e abrir as pernas.

- O jogo continua e muda-se de posição no par.

53

47 — As quatro estações do ano

Número de participantes: *Ilimitado.*

Material necessário: *Quatro fotografias das diferentes estações do ano.*

Espaço: *Amplo.*

Objetivos didáticos: *Desenvolver a observação, a atenção e a imaginação. Trabalhar o conceito de tempo cronológico.*

- Sentam-se todas as crianças no chão do espaço de jogo, formando um semicírculo. O educador lhes mostra uma fotografia de uma estação do ano.

- Ao ver a foto do verão, as crianças, sentadas no chão, simulam que estão com muito calor.

- Quando veem a do outono, todas elas se levantam lentamente e caminham pelo espaço, imaginando que ele está cheio de folhas de árvore.

Brinquemos com as folhas!

- O educador mostra a fotografia do inverno e as crianças continuam andando, mas com cuidado, porque o chão está gelado.

- Só falta a primavera, e as crianças voltam a se sentar em semicírculo e imaginam que estão em um campo verde, cheio de flores.

Colhamos as flores!

- Pode-se aproveitar a ocasião para referir que existem regiões da Terra em que não há estações.

54

A tortilha gigante

48

Número de participantes: *Ilimitado.*

Material necessário: *Pratos e garfos de plástico, um arco grande e um pandeiro.*

Espaço: *Amplo.*

Objetivos didáticos: *Desenvolver a capacidade de criação e de imaginação. Trabalhar a sucessão e a duração do tempo.*

- Sentados em semicírculo, o educador entrega a cada um dos participantes um prato e um garfo de plástico.
- Diante do semicírculo o educador coloca o arco grande, que terá a função de frigideira imaginária.
- Cada criança simula que tem na mão um ovo imaginário e quebra-o dentro do prato.
- Com o garfo, tem de bater o ovo imaginário ao ritmo do pandeiro tocado pelo educador.

Batam o ovo bem batido!

- Um por um, a uma ordem do educador, cada participante deve levantar-se e se dirigir ao centro onde está o arco, simulando que coloca o ovo batido na frigideira.

49 A mala do viajante

Número de participantes: *Ilimitado.*

Material necessário: *Malas velhas e peças de roupa: meias, calças e toalha.*

Espaço: *Amplo.*

Objetivos didáticos: *Trabalhar os conceitos temporais "antes" e "depois". Desenvolver a organização manual.*

- Cada criança está sentada no chão com as suas três peças de roupa arrumadas: meias em primeiro lugar, no meio as calças e no final a toalha.

- No centro do espaço de jogo há várias malas abertas. O educador explica que o viajante deve sair e que elas precisam ajudá-lo a fazer as malas.

Preparem a mala!

- Cada criança dobra as meias o melhor que pode e as coloca na mala.

- De igual forma, dobra as calças e as toalhas.

- Quando as malas estão cheias, o educador as fecha e todas as crianças ao mesmo tempo exclamam: Boa viagem, viajante!

Metamorfose

Número de participantes: *Ilimitado.*

Material necessário: *Fotografias sobre a metamorfose do bicho-da-seda e música.*

Espaço: *Amplo.*

Objetivos didáticos: *Exercitar a observação. Trabalhar o conceito de duração do tempo e de movimento do corpo.*

- Todas as crianças, sentadas em semicírculo, devem observar atentamente as fotografias sobre a metamorfose do bicho-da-seda, para depois poderem imitar o processo.

Prestemos atenção!

- Estendidas no chão, imaginando que são uma lagarta, as crianças se movem, serpenteando o corpo.

- Ficam imóveis e, muito lentamente, vão encolhendo o corpo, escondendo a cabeça e os braços, para se tornarem uma crisálida.

- Lentamente, os braços escondidos vão saindo até ficarem abertos. Depois, todas se levantam do chão.

- Ao ritmo da música, simulam que voam como lindas borboletas, agitando os braços para baixo e para cima.

51 — Os mil e um condutores

Número de participantes: *Ilimitado.*

Material necessário: *Um apito e um boné com viseira.*

Espaço: *Amplo.*

Objetivos didáticos: *Coordenação dinâmica, deslocação e duração.*

- Neste jogo as crianças formam uma fila, uma atrás da outra.
- A primeira criança da fila é o condutor do ônibus imaginário.
- O jovem condutor leva o boné e um apito pendurado ao pescoço.
- Depois de um apito, sai da fila e dá uma volta pelo espaço do jogo.
- Uma vez terminada a volta, aproxima-se da primeira criança que está na fila, dá-lhe o apito e lhe põe o boné na cabeça; em seguida, agarra-se à cintura do novo condutor e os dois juntos dão a volta pelo espaço do jogo.

Que o ônibus não fuja!

- E assim sucessivamente, até que todas as crianças tenham desempenhado o papel de condutor do longo ônibus.

Bola ao cesto

Número de participantes: *Ilimitado.*

Material necessário: *Um cesto e uma bola grande.*

Espaço: *Amplo.*

Objetivos didáticos: *Trabalhar a simultaneidade e a sucessão de objetos.*

- No centro do espaço do jogo o educador coloca o cesto.
- À volta do cesto todas as crianças formam um grande círculo.
- Uma delas tem uma bola e as outras marcam o ritmo com palmas: cinco palmas, e a criança da bola avança cinco passos em direção ao cesto, e quando estiver perto tenta encestar a bola.
- Depois, a criança recolhe a bola do interior do cesto e, correndo, volta ao seu lugar, passando-a à criança da sua esquerda. Esta efetuará a mesma operação.

João, é a sua vez de encestar!

53 Alturas

Número de participantes: *Ilimitado.*

Material necessário: *Um apito.*

Espaço: *Amplo e/ou aberto.*

Objetivos didáticos: *Organização temporal e trabalho de velocidade.*

- Todas as crianças estão em pé, uma atrás da outra, no centro do espaço do jogo, formando uma grande fila.
- O educador ordena a fila começando pela criança mais baixa até a mais alta.
- Quando o educador toca o apito, a fila se desfaz rapidamente e todas as crianças correm livremente pelo espaço.

Correndo, correndo!

- Ao segundo apito, todos os jogadores voltam a formar a fila: do mais baixo para o mais alto.

54 Arco-íris

Número de participantes: *Grupos de sete crianças.*

Material necessário: *Cartolinas com as sete cores do arco-íris (violeta, anil, azul, verde, amarelo, laranja e vermelho) e um arco-íris.*

Espaço: *Amplo.*

Objetivos didáticos: *Desenvolver a observação e a criatividade.*

- Repartem-se as sete cartolinas entre os elementos do grupo.
- Cada criança com a sua cartolina caminha pelo espaço do jogo, tentando não esbarrar nos outros.
- O educador mostra o grande desenho do arco-íris.

São sete cores!

- Rapidamente, sentam-se, seguindo a ordem das cores do arco-íris, cobrindo o rosto com a cartolina.

60

Museu de meninas e meninos

Número de participantes: *Ilimitado.*

Material necessário: *Mesas, cadeiras, colchões, caixas, cestos de papel e música.*

Espaço: *Amplo.*

Objetivos didáticos: *Trabalhar a deslocação e o conceito de sucessão com objetos.*

- O educador espalha os diferentes objetos pelo espaço de jogo.

    Sentemo-nos num extremo do espaço de jogo!

- Uma criança levanta-se e, ao ritmo da música, caminha pelo espaço, contornando todos os objetos que encontra.

- Quando acaba a música, a criança fica imóvel como se fosse mais um objeto.

- Levanta-se outra criança e, ao compasso da música, caminha pelo espaço, dessa vez evitando os objetos e também o seu companheiro.

- Ao acabar a música, a criança também se torna objeto.

- O jogo chega ao fim quando todas as crianças estão imóveis no espaço do jogo.

56   A bolinha

Número de participantes: *Ilimitado.*

Material necessário: *Uma bolinha de cortiça ou de borracha e papel-alumínio.*

Espaço: *Amplo e/ou aberto.*

Objetivos didáticos: *Trabalhar o conceito de periodicidade e manipulação de material.*

- O educador entrega um pedaço de papel-alumínio para cada criança participante no jogo.
- Sentadas no chão, elas formam um grande círculo.
- Uma criança tem a bolinha; envolve-a no papel-alumínio e passa-a para criança da direita.
- E assim sucessivamente, até que aquela bolinha se transforme numa grande bola de alumínio.

Como cresce a bolinha!

- O jogo acaba quando a bola chega outra vez à criança que começou a envolver a bolinha.

Ações

Número de participantes: *Ilimitado.*

Espaço: *Amplo e/ou aberto.*

Objetivos didáticos: *Trabalhar a velocidade e a duração.*

- Todas as crianças caminham livremente pelo espaço de jogo, evitando esbarrar umas nas outras e prestando atenção às ordens do educador para realizar as fases do jogo.

Atenção!

- Primeira ação: caminhar lentamente, depois de forma rápida.
- Segunda ação: correr rapidamente, depois andar com lentidão.
- Terceira ação: saltar lentamente, depois cada vez mais rápido.
- Quarta ação: falar rapidamente, depois com muita calma.
- Quinta e última ação: aplaudir quase sem força, depois com muita energia.

58 — A teia de aranha

Número de participantes: *Formam-se pares.*

Material necessário: *Giz e música.*

Espaço: *Amplo e de pavimento liso.*

Objetivos didáticos: *Trabalhar o conceito de duração do tempo e a organização temporal.*

- Repartem-se quatro pares pelo espaço de jogo.

  Os quatro pares bem separados!

- Um elemento do par caminha pelo espaço ao ritmo da música, evitando chocar com outro participante do jogo.

- O outro tem de observar bem o percurso que faz o seu par.

- Quando acabar a música, a criança que observou o percurso tem de desenhá-lo com o giz.

59 — A corda

Número de participantes: *Ilimitado.*

Material necessário: *Uma corda de saltar de 3 ou 4m e música.*

Espaço: *Amplo.*

Objetivos didáticos: *Trabalhar a simultaneidade e a sucessão temporal.*

- Duas crianças agarram a corda pelas extremidades, balançando-a de um lado para o outro.

- Os outros participantes formam uma fila diante da corda.

- Quando o educador põe a música, as duas crianças balançam a corda seguindo o ritmo, e as outras vão saltando uma a uma, e, ao mesmo tempo que saltam, devem bater as palmas.

  Saltando, saltando!

O túnel

Número de participantes: *Formam-se grupos de seis crianças.*

Material necessário: *Uma bola média.*

Espaço: *Amplo e/ou aberto.*

Objetivos didáticos: *Trabalhar a simultaneidade, a velocidade e a habilidade com objetos.*

- Todas as crianças formam uma fila, uma atrás da outra, de pé, sem separação entre elas. Todas em posição de "pernas separadas".

As pernas bem abertas!

- A primeira criança da fila tem a bola nas mãos e, dada uma ordem do educador, lança-a para trás, fazendo-a rodar pelo túnel de pernas.

- A última criança do túnel recolhe a bola e corre para a parte da frente, colocando-se em primeiro lugar e adotando a mesma posição de pernas separadas.

- Em seguida, esse jogador lança outra vez a bola pelo túnel de pernas.

- O jogo acaba quando todas as crianças efetuaram a ação.

61 — Os atletas

Número de participantes: *Ilimitado.*

Espaço: *Amplo e/ou aberto.*

Objetivos didáticos: *Trabalhar ações sucessivas, a duração e a velocidade.*

- Todas as crianças se estendem no chão para realizar curtos exercícios de respiração: inspirar e expirar o ar três vezes, lentamente.
- Com tranquilidade, levantam-se do chão e ficam sentadas com as pernas juntas e os braços abertos.
- Dada uma ordem do educador, tocam com os dedos das mãos na ponta dos pés, três vezes.
- Levantam-se e saltam com os pés juntos, três vezes.
- Forma-se uma grande fila, uma criança ao lado da outra, e, num extremo do espaço do jogo, colocam-se de cócoras, à espera da indicação do educador para começar a correr.

Preparados… prontos, já!

- Correm até o outro extremo do espaço de jogo o mais rápido possível.

Ossos bailarinos

Número de participantes: *Ilimitado.*

Espaço: *Amplo e/ou aberto.*

Objetivos didáticos: *Trabalhar ações sucessivas e o movimento segmentário do corpo.*

- Todas as crianças estão de pé formando um semicírculo.
- O educador se coloca diante do semicírculo e começa a explicar em que consistirá o jogo.

Vamos mover as diferentes partes do corpo!

- O educador começa a mover a cabeça para frente e para trás. As crianças também fazem o mesmo movimento.
- O educador continua com o movimento dos ombros, para frente e para trás! As crianças também.
- Em seguida, com o peito e a cintura fazem um movimento giratório.
- Os braços e as pernas sobem e baixam, ao mesmo tempo em que voltam a repetir os movimentos de cabeça, de ombros, de peito e de cintura.

63   O disfarce

Número de participantes: *Formam-se pares.*

Material necessário: *Uma bolsa, uma peruca, um nariz de palhaço, um bigode, uma gravata e uma capa.*

Espaço: *Amplo.*

Objetivos didáticos: *Trabalhar o conceito de sucessão temporal com objetos e a atenção.*

○ Dentro da bolsa são introduzidos todos os elementos necessários para disfarçar uma criança.

Vamos nos disfarçar!

○ Formam-se os pares, e um deles se coloca no centro do espaço de jogo com a bolsa.

○ O educador, sem falar, faz um gesto que corresponde a cada elemento do interior da bolsa. Se toca a cabeça, será a peruca; as costas, será a capa; o peito, será a gravata...

○ Uma criança do par vai vestindo a outra segundo o gesto do educador.

○ Quando esta estiver disfarçada, tira os elementos e os coloca em outra criança, mas seguindo a mesma ordem anterior.

Sigamos a mesma ordem!

O dado

Número de participantes: *Ilimitado.*

Material necessário: *Um dado grande de espuma.*

Espaço: *Amplo.*

Objetivos didáticos: *Expressar o ritmo a partir do afastamento e da velocidade.*

○ As crianças participantes colocam-se de pé num extremo do espaço de jogo. O educador lança o dado de espuma ao chão.

Atenção aos números!

○ Todas as crianças avançam segundo o número indicado pelo dado: Com o 1 avança-se um passo longo. Com o 2 dão-se dois passos curtos para frente. Com o 3 avançam-se três passos muito longos. Com o 4 recuam-se quatro passinhos. Com o 5 recuam-se cinco passos longos. E com o 6 avançam-se seis passos muito curtinhos.

Linha cansada

Número de participantes: *Ilimitado.*

Material necessário: *Fita adesiva e música.*

Espaço: *Amplo.*

Objetivos didáticos: *Trabalhar a duração e os conceitos de grande e de pequeno.*

○ O educador traça uma linha no centro do espaço de jogo de uns 4m de comprimento, esticando no chão a fita adesiva.

○ Todas as crianças formam uma fila.

○ Quando soa a música, a primeira criança da fila começa a caminhar por cima da linha e em seguida vai avançando, tornando-se pequena, agachando-se, até chegar ao final da linha roçando o chão.

○ Arrasta-se até o extremo contrário ao inicial e espera, sentada, que as outras acabem o jogo.

Sigam a linha!

66 O falso pirulito

Número de participantes: *Ilimitado.*

Material necessário: *Bolas pequenas de esponja, palitos de madeira, papel-celofane de várias cores e uma caixa grande feita de cartolina.*

Espaço: *Amplo.*

Objetivos didáticos: *Trabalhar ações sucessivas, a mobilidade do esquema corporal do rosto e da imaginação.*

○ O educador e os participantes do jogo confeccionam os pirulitos espetando o palito na bola de esponja e envolvendo-a com um pedaço de papel-celofane.

Tem de recordar a cor do pirulito!
Desembrulhem o pirulito!
Coloquem a língua de fora e lambam como se fosse um pirulito de verdade!
Mordam-no imaginariamente!
E, para acabar, mastiguem e movam o maxilar para cima e para baixo, e depois engulam!

○ Uma vez fabricado o pirulito, todas as crianças o depositam numa caixa de cartolina que está no centro do espaço de jogo e se sentam, formando um grande círculo em torno da caixa.

○ Dada uma ordem do educador, todas as crianças se dirigem à caixa e pegam um pirulito com a mesma cor daquele que embrulharam.

○ Voltam a sentar-se, mantendo o círculo amplo, escutando e realizando as indicações do educador, todas ao mesmo tempo.

Torres

Número de participantes: *Formam-se grupos de seis crianças.*

Material necessário: *Seis latas ou recipientes médios para cada grupo.*

Espaço: *Amplo e de superfície plana.*

Objetivos didáticos: *Trabalhar a periodicidade, a sucessão e a habilidade com a manipulação de objetos.*

○ Formam-se grupos de seis crianças. Cada grupo precisa ter seis latas ou recipientes para poder levantar uma torre.

○ Os grupos se repartem pelo espaço de jogo, deixando certa distância entre eles.

○ Dada uma ordem do educador, cada grupo tenta levantar a sua torre, colocando uma lata por cima da outra.

Ergamos a torre mais alta!

○ A criança que deixar cair a lata é eliminada, mas o seu grupo continua levantando a torre.

○ Se caírem duas latas, duas crianças eliminadas; se caírem três, três crianças saem do jogo, e assim sucessivamente.

○ Se cair toda a torre, fica eliminado todo o grupo. Ganha o grupo que conseguir mantê-la.

68. Azul e verde

Número de participantes: *Ilimitado.*

Material necessário: *Barrinhas de maquiagem azuis e verdes e um espelho grande.*

Espaço: *Amplo.*

Objetivos didáticos: *Trabalhar a simultaneidade, o intervalo e o reconhecimento da estrutura do rosto.*

- O educador reparte entre os participantes do jogo as barrinhas de maquiagem. À metade das crianças cabe a cor verde, à outra metade, a azul.

- Todas se colocam diante do espelho e maquiam o rosto com a cor que lhes calhou.

> João, não pintou a ponta do nariz!
> Maria, não é preciso pintar as orelhas!

- Uma vez maquiadas, as crianças de verde se colocam num extremo do espaço de jogo e as crianças de azul no outro extremo.

- A cada ordem do educador uma criança de cada grupo senta-se no meio do espaço de jogo.

- Dessa maneira, consegue-se fazer uma fileira de rostos verdes e azuis intercalados.

- O jogo acaba quando elas se levantam, conservando a ordem de rostos intercalados, formando um grande círculo e cantando uma canção.

O circuito de fórmula bola

Número de participantes: *Formam-se grupos de três crianças.*

Material necessário: *Giz e bolas.*

Espaço: *Amplo.*

Objetivos didáticos: *Expressar o ritmo através da velocidade e da duração. Trabalhar a habilidade.*

- O educador traça três percursos iguais, em forma de caminho serpenteante, que vão de um extremo do espaço de jogo ao outro.

- Cada uma das crianças se coloca no início de um dos circuitos, com uma bola nos pés.

- Dada uma ordem do educador, pelo interior do circuito serpenteante vão chutando a bola, até chegar ao outro extremo.

Que a bola não saia do circuito!

- Se a bola sair do circuito, a criança reinicia o percurso.

- À terceira saída da bola a criança fica eliminada. Ganha a criança que chega primeiro à meta.

70. Água vai, água vem!

Número de participantes: *Ilimitado.*

Material necessário: *Dois baldes grandes para pôr água e copos de plástico.*

Espaço: *Amplo.*

Objetivos didáticos: *Trabalhar as ações temporais "antes" e "depois" e a manipulação de líquidos.*

○ O educador coloca cada balde num extremo do espaço de jogo. Um deles cheio de água.

○ Forma-se uma fila, uma criança atrás da outra, todas com um copo de plástico na mão.

○ Uma a uma, todas as crianças se dirigem ao balde com água e enchem o copo. Depois vão ao balde vazio e despejam nele a água do copo, lentamente, levantando o braço ao mesmo tempo em que dizem bem alto: Água vai!

○ Uma vez que todas as crianças tenham realizado a mesma ação, voltam a encher seu copo de água no balde que está cheio e despejam-na no outro balde.

Cuidado com a água!

○ Cada criança tem de levantar bem o braço e deixar cair a água o mais lentamente possível, enquanto diz: Água vem!

Roupa estendida

Número de participantes: *Formam-se grupos de seis crianças.*

Material necessário: *Pedaços de papel pequenos e grandes, uma corda de 4m e pregadores de estender roupa.*

Espaço: *Amplo e/ou aberto.*

Objetivos didáticos: *Trabalhar os conceitos "grande" e "pequeno".*

- O educador prende a corda nos extremos do espaço de jogo.
- Cada criança do grupo de seis tem um pedaço de papel na mão. Dada uma ordem do educador, devem pendurar o papel na corda com um pregador de roupa.

   Que não caia nenhum papel!

- Outro grupo de seis crianças, à indicação do educador, ordena do maior ao menor os pedaços de papel pendurados.

72. Roda-arcos

Número de participantes: *Formam-se grupos de quatro crianças.*

Material necessário: *Quatro arcos.*

Espaço: *Amplo.*

Objetivos didáticos: *Expressar o ritmo através da deslocação e da velocidade.*

- Num extremo do espaço de jogo colocam-se os grupos de quatro crianças, uma atrás da outra; cada grupo formando uma fila.

- As quatro primeiras crianças de cada fila têm um arco. Dada uma ordem do educador, deslocam-se com o arco lentamente até o outro extremo do espaço de jogo.

- Têm de voltar e entregar o arco ao jogador seguinte de cada grupo, o mais rápido possível.

**Temos de ir devagar…
e voltar depressa!**

A fábula

73

Número de participantes: *Ilimitado.*

Material necessário: *Quatro máscaras de papel; uma com "cara" de caracol, outra de coelho, uma de tartaruga e outra de pantera.*

Espaço: *Amplo.*

Objetivos didáticos: *Expressar o ritmo através da duração, da deslocação e da velocidade. Desenvolver a criatividade dramática.*

- Forma-se um semicírculo com todas as crianças sentadas no chão olhando para o educador, que também está sentado à frente.

- O educador mostra as quatro máscaras: um coelho, uma pantera, uma tartaruga e um caracol.

- Em seguida, quatro crianças representarão a fábula, colocando as máscaras dos animais.

Ao cenário!

- As crianças e o educador inventam uma fábula simples na qual entrem esses animais e contam-na em voz alta.

74. Dobra-costas

Número de participantes: Ilimitado.

Material necessário: Colchões, música relaxante e um desenho ou fotografia de um esqueleto humano.

Espaço: Amplo.

Objetivos didáticos: Trabalhar ações sucessivas a partir da estrutura corporal e do relaxamento.

- O educador ensina e explica, com a ajuda do desenho ou da fotografia do esqueleto humano, como é a coluna vertebral e as partes que a formam.
- Em seguida, cada criança estende-se num colchão, onde relaxa com a ajuda da música.
- Levantam-se lentamente e se colocam em pé com os braços colados ao corpo e as costas retas.
- O educador indica como irão dobrando as costas lentamente.
- Primeiro, todas as crianças baixam a cabeça muito lentamente e, pouco a pouco, vão dobrando o pescoço.

Relaxemos as cervicais!

- Em seguida, muito lentamente, vão dobrando um pouco as costas.
- E, por fim, dobram totalmente as costas, deixando os braços relaxados e tentando tocar a ponta dos pés.

A ducha

Número de participantes: *Ilimitado.*

Material necessário: *Roupa de banho, esponja, sabão, toalhas e uma mangueira.*

Espaço: *Aberto.*

Objetivos didáticos: *Trabalhar ações sucessivas a partir do reconhecimento de diferentes partes do corpo.*

- O educador dá uma esponja molhada com um pouco de sabão para cada criança participante do jogo. Primeiro, ensaboam as pernas, depois a barriga e as costas e em seguida os braços, o peito e o rosto.

- O educador, com uma mangueira, molha todas as crianças até sair o sabão.

Que não fique sabão em nenhum lugar!

- Depois, cada criança, com a toalha, seca o companheiro que está mais perto, da cabeça aos dedos dos pés.

Sketch
O teatrinho

A decoração do espetáculo representado faz-se com cartolina pintada: o Sol amarelo é segurado por um menino, que fica por trás, e as árvores castanhas e verdes são seguradas por seis crianças. As crianças restantes são os atores. Elas são vestidas com uma túnica de papel de diversas cores e com um chapéu feito de jornal, pintado da mesma cor da túnica.

No fundo do cenário colocam-se o Sol e as árvores. Quando soa a música, os atores se põem em fila, um atrás do outro, e caminham seguindo o ritmo e imitando os passos de um soldado. Em seguida, ouve-se o ruído do vento, e as árvores e o Sol começam a balançar, enquanto as crianças rompem a fila e correm pelo cenário. Quando para o som do vento as crianças formam outra vez a fila, agora umas ao lado das outras, e chamam-se em voz alta. No final, as árvores e o Sol adiantam-se até a fila de crianças, dão-lhes as mãos e saúdam efusivamente o público.

Quadro de idades

Jogo	Página	3 anos	4 anos	5 anos	6 anos
Alegres borboletas	10		O		
O chão empapelado	11	O			
A fazenda	12	O			
Os soldados	13			O	
Gotas de água	14	O			
A bola louca	15			O	
A orquestra desastrosa	16				O
Jardim surpresa	17		O		
As cadeiras	17		O		
Os cavaleiros	18				O
O lápis de cor	19	O			
Festa de balões	20				O
O pincel dançarino	21			O	
Viagem ao país dos números	22		O		
A máscara	23	O			
Os carrinhos bate-bate	24				O
Caminho de pares	25		O		
A centopeia	26				O
O bloco sonoro	27	O			
Os rasga-papéis	28	O			
Entroncamento ferroviário	29			O	
Escadas	30				O
A massa	31	O			
Doces carícias	31	O			
As ferramentas	32				O
Botões coloridos	33		O		
Palmas alegres	34			O	
Cara pintada	35			O	
O barquinho	36	O			
Pegadas	37				O
A lagartinha	38			O	
A corda bamba	39	O			
Luvas vaidosas	40				O
O lenço voador	41	O			
A batuta	42		O		
Família de caixas	44			O	
A semana	45	O			
A comida imaginária	46			O	
A cambalhota	47		O		

Jogo	Página	3 anos	4 anos	5 anos	6 anos
Círculo de nomes	48			O	
Tira e põe	49				O
Caminho de ritmos	50			O	
Dominó	50	O			
As batas	51				O
A porta	52				O
As múmias	53				O
As quatro estações do ano	54		O		
A tortilha gigante	55	O			
A mala do viajante	56	O			
Metamorfose	57				O
Os mil e um condutores	58	O			
Bola ao cesto	59			O	
Alturas	60				O
Arco-íris	60			O	
Museu de meninas e meninos	61	O			
A bolinha	62	O			
Ações	63				O
A teia de aranha	64				O
A corda	64		O		
O túnel	65			O	
Os atletas	66				O
Ossos bailarinos	67			O	
O disfarce	68		O		
O dado	69				O
Linha cansada	69	O			
O falso pirulito	70	O			
Torres	71		O		
Azul e verde	72			O	
O circuito de fórmula bola	73	O			
Água vai, água vem!	74			O	
Roupa estendida	75				O
Roda-arcos	76		O		
A fábula	77				O
Dobra-costas	78			O	
A ducha	79	O			

As idades indicadas neste quadro são meramente orientadoras. O educador poderá adequar cada jogo segundo a maturidade e a preparação dos participantes.

CULTURAL
Administração
Antropologia
Biografias
Comunicação
Dinâmicas e Jogos
Ecologia e Meio Ambiente
Educação e Pedagogia
Filosofia
História
Letras e Literatura
Obras de referência
Política
Psicologia
Saúde e Nutrição
Serviço Social e Trabalho
Sociologia

CATEQUÉTICO PASTORAL
Catequese
Geral
Crisma
Primeira Eucaristia

Pastoral
Geral
Sacramental
Familiar
Social
Ensino Religioso Escolar

TEOLÓGICO ESPIRITUAL
Biografias
Devocionários
Espiritualidade e Mística
Espiritualidade Mariana
Franciscanismo
Autoconhecimento
Liturgia
Obras de referência
Sagrada Escritura e Livros Apócrifos

Teologia
Bíblica
Histórica
Prática
Sistemática

REVISTAS
Concilium
Estudos Bíblicos
Grande Sinal
REB (Revista Eclesiástica Brasileira)
SEDOC (Serviço de Documentação)

VOZES NOBILIS
Uma linha editorial especial, com importantes autores, alto valor agregado e qualidade superior.

VOZES DE BOLSO
Obras clássicas de Ciências Humanas em formato de bolso.

PRODUTOS SAZONAIS
Folhinha do Sagrado Coração de Jesus
Calendário de mesa do Sagrado Coração de Jesus
Agenda do Sagrado Coração de Jesus
Almanaque Santo Antônio
Agendinha
Diário Vozes
Meditações para o dia a dia
Encontro diário com Deus
Guia Litúrgico

CADASTRE-SE
www.vozes.com.br

EDITORA VOZES LTDA.
Rua Frei Luís, 100 – Centro – Cep 25689-900 – Petrópolis, RJ
Tel.: (24) 2233-9000 – Fax: (24) 2231-4676 – E-mail: vendas@vozes.com.br

UNIDADES NO BRASIL: Belo Horizonte, MG – Brasília, DF – Campinas, SP – Cuiabá, MT
Curitiba, PR – Fortaleza, CE – Goiânia, GO – Juiz de Fora, MG
Manaus, AM – Petrópolis, RJ – Porto Alegre, RS – Recife, PE – Rio de Janeiro, RJ
Salvador, BA – São Paulo, SP